# ANALIZA KSIĄŻKI

AF131485

# Pianista

. . . . . . . . . . . . . . . . . .

## Wladyslaw Szpilman

# ANALIZA KSIĄŻKI

Napisany przez Marie-Hélène Maudoux
Przetłumaczony przez Kâmil Kowalski

## Pianista

### WLADYSLAW SZPILMAN

# WŁADYSŁAW SZPILMAN

## POLSKI PISARZ, PIANISTA I KOMPOZYTOR

- **Urodzony w Sosnowcu (Polska) w 1911 r.**

- **Zmarł w Warszawie w 2000 r.**

- **Jego praca:**

  o *The Pianist* (1946)

Władysław Szpilman urodził się w 1911 roku w rodzinie żydowskiej, zmarł w 2000 roku w Warszawie. Był przede wszystkim pianistą i kompozytorem, a także pisarzem. Kształcił się jako pianista w Akademii Sztuk Pięknych w Berlinie pod kierunkiem Artura Schnabla (pianisty austriackiego), a kompozycję studiował u Franza Schrekera (kompozytora austro-węgierskiego). Z Bronisławem Gimplem (słynnym skrzypkiem) założył Warszawski Kwintet Fortepianowy, z którym bardzo dużo koncertował. Ponadto pisał muzykę filmową, pieśni i lieder (śpiewane wiersze germańskie z towarzyszeniem fortepianu). Gdy w 1933 r. do władzy doszedł Adolf Hitler, wrócił do Warszawy i został pianistą Polskiego Radia. W 1986 r. zakończył karierę koncertującego pianisty, by w pełni poświęcić się kompozycji.

# PIANISTA

## RELACJA PIANISTY Z II WOJNY ŚWIATOWEJ

- **Gatunek:** powieść autobiograficzna

- **Wydanie referencyjne:** Szpilman, W. (2001) *Le Pianiste.* Paris: Éditions Robert Laffont.

- **Pierwsze wydanie:** 1946

- **Tematyka:** Holocaust, II wojna światowa, getta żydowskie, muzyka

W 1939 roku, gdy grał *Nokturn cis-moll* dla Polskiego Radia, niemiecka bomba przerwała transmisję. Niemcy otoczyli Warszawę, a Władysław Szpilman ukrył się.

Zdumiewające, że ocalenie zawdzięcza żydowskiemu milicjantowi i niemieckiemu oficerowi, którzy, obaj będąc melomanami, postanowili oszczędzić muzyka. Pod koniec wojny Szpilman wykonał w Polskim Radiu *Nokturn,* którego nie udało mu się ukończyć sześć lat wcześniej.

W 1946 roku opublikował po polsku niesamowitą historię swojego przetrwania, którą nazwał *Śmierć miasta*. Wkrótce została ona ocenzurowana przez polskie władze komunistyczne. Musiał czekać pięćdziesiąt lat, zanim jego epopeja została ujawniona całemu światu w poprawionym wydaniu pod kierunkiem jego syna, Andrzeja Szpilmana, zatytułowanym *Pianista*.

# STRESZCZENIE

## KAPITULACJA (31 SIERPNIA 1939 – 23 WRZEŚNIA 1939)

Historia rozpoczyna się 31 sierpnia 1939 roku w Warszawie, w noc przed rozpoczęciem II wojny światowej. Władysław Szpilman jest pianistą Polskiego Radia i mieszka z matką, ojcem (skrzypkiem), bratem (Henrykiem) i dwiema siostrami (Reginą i Haliną). Są Żydami. Władysław dowiaduje się, że Francja i Wielka Brytania są w stanie wojny z Niemcami, a Niemcy nacierają na polską stolicę. Mimo to postanawia zostać w Warszawie wraz z rodziną.

Aby zablokować to posunięcie, Warszawa zostaje oddana pod władzę polskiego dowódcy, a mieszkańcy pracują nad obroną swojego miasta. Władysław nadal gra dla Polskiego Radia. 23 września niemiecka bomba niszczy transformator elektryczny radiostacji. Cztery dni później Warszawa poddaje się, a Niemcy wkraczają do miasta.

## INWAZJA (27 WRZEŚNIA 1939 – LISTOPAD 1939)

Pierwsza samowolna egzekucja 100 mieszkańców Warszawy natychmiast buduje nienawiść między Niemcami a Polakami. Bardzo szybko zaczynają pojawiać się ustawy antyżydowskie i plotki, że wkrótce powstanie żydowskie getto. Pewnego wieczoru, w towarzystwie ojca i brata, Władysław natrafia na

Niemców, którzy pytają ich, czy są Żydami. Zostają brutalnie przyparci do muru, ale ratuje ich brat, który mówi oficerom, że są muzykami:

> *"Jeden z policjantów podszedł do mnie, złapał mnie za kołnierz i potrzą-snął mną w ostatecznym przypływie wściekłości, bez wyraźnego powodu, ponieważ w końcu zdecydował się dać nam żyć. ‚Masz szczęście, że ja też jestem muzykiem!" (p. 56).*

## GETTO (15 LISTOPADA 1939 – MARZEC 1942)

Prześladowania trwają, a Żydzi, którzy pozostali w Warszawie, wkrótce muszą podjąć pracę przymusową. Władysław, chcąc chronić swoje dłonie, tak ważne dla jego kariery pianisty, łamie tę zasadę. 15 listopada wszyscy Żydzi w Warszawie zostają zamknięci w getcie żydowskim. Getto żydowskie dzieli się na dwa getta: "Małe getto", w którym mieszka Władysław, i "Duże getto", w którym mieszkają najubożsi Żydzi. Jedynym miejscem łączącym oba getta jest ulica Chłodna, do której niemieccy strażnicy chętnie ograniczają dostęp. Jako rozrywkę wybierają z tłumu "źle dobrane" pary, złożone z inwalidów lub starców, którym każą tańczyć coraz szybciej, głośno się z nich śmiejąc. Władysław gra na fortepianie w różnych kawiarniach w getcie, aby utrzymać rodzinę.

## DEPORTACJA (MARZEC 1942 – KONIEC 1942)

Pierwsze deportacje do "obozów pracy", czyli obozu zagłady w Treblince, są organizowane w marcu 1942 r. z Umschlagplatzu, czyli placu zbiórki i przechowywania getta. Przy pomocy litewskich i ukraińskich faszystów niemieccy żołnierze zaczynają opróżniać getto i wysyłać jego mieszkańców do "obozów pracy". Aby uciec przed tymi nalotami, Władysław wraz z rodziną pracuje w magazynie w pobliżu Umschlagplatzu. Mimo to 16 sierpnia 1942 r. Władysław wraz z rodziną zostaje tam wysłany na deportację następującym konwojem.

W momencie, gdy Władysław szykuje się do wejścia z rodziną do "pociągu śmierci", muzyk zostaje brutalnie przepchnięty na drugą stronę milicyjnej liny przez żydowskiego milicjanta, który nakazuje mu "ratować skórę". W ten sposób Władysław po raz ostatni widzi swoją rodzinę. Wędrując samotnie po getcie, Władysław odrzuca złożoną mu propozycję gry w kasynie hitlerowskich oddziałów zagłady i dołącza do grupy robotników, którzy mają za zadanie zburzyć zewnętrzny mur Dużego Getta. Po otrzymaniu od Rady Żydowskiej numeru określającego go jako "robotnika niezbędnego", Władysław uświadamia sobie, że chwilowo uniknął ewentualnego powrotu na Umschlagplatz. Zatrudniony siłą jako robotnik, doznaje w końcu skręcenia stawu skokowego. Zostaje oddelegowany do oddziału zaopatrzenia, gdzie może odzyskać część sił.

## OPÓR (KONIEC 1942 – SIERPIEŃ 1944)

Stopniowo w getcie organizuje się ruch oporu, Władysław transportuje amunicję ukrytą w workach z warzywami z "aryjskiej strony" Warszawy. Poprzez Majorka, dzielnego młodego Żyda odpowiedzialnego za zaopatrzenie getta w żywność, Władysław nawiązuje kontakt z parą artystów, Andrzejem Boguckim i Janiną Godlewską, którzy ukrywają go w pracowni poza gettem.

Władysław nie może jednak pozostać w pracowni, gdyż musi ją wynająć, by nie wzbudzać podejrzeń władz niemieckich. Czesław Lewicki, dyrygent orkiestry i dawny kolega z Polskiego Radia, znajduje więc pianiście małe mieszkanie. Pewnego dnia Lewicki wpada do środka, by pośpiesznie przeprowadzić Władysława w bezpieczniejsze miejsce. Władysław jest jednak moralnie wyczerpany i nie ma już ochoty na ucieczkę: żegnają się i zgodnie stwierdzają, że obaj woleliby się zabić niż trafić w ręce Niemców. Powstanie w getcie warszawskim, trwające od kwietnia do maja 1943 roku, prowadzi do ewakuacji i zniszczenia getta przez Niemców oraz do eksterminacji przebywających w nim Żydów.

Po kilku tygodniach Władysława odwiedzają przyjaciele z ruchu oporu, którzy oddają go pod opiekę Szalasa. Szalas okłamuje jednak pianistę i jego otoczenie, a większość zebranych zapasów zatrzymuje dla siebie. W sierpniu 1943 r. Władysław musi uciekać z kryjówki, gdyż lokatorzy podejrzewają obecność Żyda. Udaje się do przyjaciół, którzy informują go, że Zbigniew Jaworski, inny z jego dawnych kolegów z Polskiego Radia, jest skłonny zakwaterować go na czas poszukiwania innej kryjówki. Zachorował i zaopiekowała się nim Helena Lewicka, która opowiada mu o zbliżającym się Powstaniu Warszawskim.

## REWOLUCJA (1 SIERPNIA 1944 – PAŹDZIERNIK 1944)

Powstanie Warszawskie rozpoczęło się 1 sierpnia 1944 roku. W odwecie Niemcy postanawiają zbombardować budynek, w którym ukrywa się Władysław. Po wybuchach budynek staje w płomieniach. Szukając schronienia, Władysław decyduje się ukryć w pobliskim szpitalu, który został zamieniony na magazyn Wehrmachtu. Szukając jedzenia, staje twarzą w twarz z Niemcem: w zamian za życie daje mu pół litra alkoholu i ucieka.

## WĘDRÓWKA I BEZPIECZEŃSTWO (PAŹDZIERNIK 1944 – 17 STYCZNIA 1945)

W poszukiwaniu jedzenia Władysław kontynuuje wędrówkę po opuszczonych budynkach Warszawy. Nieświadomy, że eksploruje budynek dyrekcji warszawskich służb specjalnych, zostaje zaskoczony przez niemieckiego oficera, Wilma Hosenfelda. Zdumiewający kapitan Wehrmachtu nie życzy mu źle; prosi pianistę o zagranie utworu na starym pianinie znajdującym się w budynku. Następnie przyznaje mu się, że jest mu wstyd za okrucieństwa popełniane przez Niemców w czasie tej wojny i postanawia ratować Władysława, przynosząc mu codziennie jedzenie. Kiedy 17 stycznia 1945 roku nadciągają wojska radzieckie, Władysław unika śmierci, gdyż wciąż ma na sobie płaszcz Wilma Hosenfelda.

# STUDIUM POSTACI

## WŁADYSŁAW SZPILMAN

Władysław jest zawodowym pianistą i ma duszę artysty. Wrażliwy, ale powściągliwy, wybucha łzami (po raz pierwszy od początku wojny) na wieść o zwycięstwie Niemców w Paryżu.

Mimo rezygnacji, wciąż próbuje zmienić swoje postrzeganie rzeczywistości poprzez kontakt z Yehoudą Zyskindem, przyjacielem, który jest "skazanym optymistą" (s. 82): "Po zabójstwie Yehoudy Zyskinda z trudem utrzymywałem się przy nadziei, bo nie było już nikogo, kto mógłby mi wszystko dokładnie wyjaśnić i sprawić, bym zobaczył prawdę..." (s. 83).

Jest też dumny i lituje się nad najbardziej strachliwymi, nawet nad swoim ojcem: "Rozglądając się, widziałem ojca klęczącego na twardym asfalcie, we łzach, błagającego policjantów, żeby nas uratowali. Jak mógł się tak upodlić?" (s. 55).

## JEGO MATKA

Oznaki wieku pokazują się na niej bardziej w czasie wojny: "Jej dawniej piękne włosy, tak zadbane, teraz opadały bladymi, niechlujnymi pasmami na jej rysy, wydrążone przez niepokój; jej intensywnie czarne oczy były wyblakłe" (s.140).

Jest bardziej impulsywna niż jej córki, wrażliwa, oddana rodzinie, kochająca i delikatna: "Zapewniała nam element stabilności, którego mogliśmy się trzymać, dbając o to, by stół był zawsze schludnie nakryty" (s. 84).

Ma wrodzone poczucie obowiązku, a jednocześnie pozostaje zrezygnowana, podobnie jak Władysław.

## JEGO OJCIEC

Jako skrzypek ucieka od rzeczywistości, grając godzinami na swoim instrumencie. W czasie wojny ogarnia go "rosnąca nostalgia za mocno wyidealizowanym Sosnowcem" (s. 48), jego rodzinnym miastem. Jest bon viveur, miłośnikiem jedzenia, optymistą, marzycielem i bardzo sarkastyczny: "okazywał przed Niemcami szacunek z ironicznym wdziękiem, którego nie sposób opisać" (s. 51).

## WILM HOSENFELD

Jest wysoki, odważny i ma elegancki i imponujący wygląd. Jest opiekuńczy, pobożny, katolicki, życzliwy i hojny. Jest kapitanem Wehrmachtu, ale wstydzi się noszonego przez siebie munduru, który łączy go z "katami".

# ANALIZA

## CZĘŚCIOWA AUTOBIOGRAFIA

W *Pianiście* Władysław Szpilman opowiada o swoich przeżyciach w Warszawie podczas II wojny światowej, od 31 sierpnia 1939 roku (inwazja na Polskę) do 14 stycznia 1945 roku (wyzwolenie Warszawy przez wojska radzieckie). Utwór ma więc charakter autobiografii.

Autobiografia jest definiowana jako retrospektywna opowieść prozą, w której autor opowiada o swoim życiu. Ten typ opowieści jest zazwyczaj pisany w pierwszej osobie liczby pojedynczej. Autor jest więc narratorem, ale także głównym bohaterem. W miarę rozwoju fabuły często rozróżniamy czas, w którym autor pisze ("ja" dorosłego autora) i epokę, w której dzieją się wydarzenia ("ja" autora w momencie, w którym przeżywa wydarzenia). Dodatkowo, aby tekst był rzeczywiście autobiografią, autor musi go tak określić i wyraźnie zaznaczyć, że opowiada swoje życie. Musi też zobowiązać się do wierności swoim doświadczeniom, do niewymyślania niczego i do szczerości: to właśnie nazywamy "paktem autobiograficznym". Autor zobowiązuje się do mówienia prawdy.

Poza tymi ogólnymi cechami, które zostały zachowane w *Pianiście*, gatunek autobiograficzny może przybierać różne formy: autor może opowiedzieć o całym swoim życiu lub skupić się tylko na jednym epizodzie swojej egzystencji, a nawet przedstawić wybór znaczących momentów. W tym przypadku autor-narrator, Władysław Szpilman, opowiada tylko o jednym fragmencie swojego życia, który jednak uważa za istotny: II wojnę światową. *Pianista* jest więc autobiografią częściową.

Czytelnik *Pianisty* może być zaskoczony dystansem, z jakim Szpilman pisze, biorąc pod uwagę, że książka została wydana zaledwie rok po zakończeniu wojny. Ten styl pisania nadaje jednak opowieści melancholijny charakter, charakterystyczny dla Szpilmana jako muzyka i dla muzyki Chopina, która mu pozostała (zwłaszcza Nokturnów, które wykorzystują formę muzyczną powolną i typową dla romantyzmu). Ponadto podkreśla argumentacyjny i obiektywny cel tej autobiografii: Szpilman ma świadomość swojego statusu powiernika i cennej informacji historycznej, którą musi przekazać.

## RELACJA HISTORYCZNA

Szpilman jest świadkiem mrocznego okresu historii: Holocaustu.

- Jest obecny przy zajęciu Warszawy przez Niemców 27 września 1939 r. i jako Żyd doświadcza wszystkich brutalności hitlerowskich funkcjonariuszy. 15 listopada 1939 r. Władysław zostaje zamknięty w getcie żydowskim, otoczonym zewnętrznym murem, wraz z innymi Żydami w Warszawie. Pozostaje tam przez wiele lat, unikając śmierci i utrzymując rodzinę poprzez pracę jako muzyk na terenie getta.

- W marcu 1942 r. Władysław jest świadkiem pierwszych łapanek w getcie i pierwszych deportacji. Litewscy i ukraińscy żołnierze łączą się z żołnierzami niemieckimi, a getto szybko zostaje opróżnione z mieszkańców.

- 16 sierpnia 1942 r. rodzina Szpilmanów zostaje wywieziona do Treblinki; tylko Władysław ledwo unika śmierci, dzięki żydowskiemu milicjantowi, który na szczęście jest miłośnikiem muzyki. Pracuje przy burzeniu zewnętrznego muru getta i ukrywa się w Warszawie.

- Zaszyty w swojej kryjówce jest świadkiem powstania w getcie (prowadzonego przez jego mieszkańców w kwietniu 1943 r.) i przeżywa Powstanie Warszawskie (prowadzone przez polską ludność cywilną od 1 sierpnia do 2 października 1944 r.). Przeżywa w prawie całkowicie zniszczonej stolicy Polski dzięki kochającemu muzykę niemieckiemu żołnierzowi, który przynosi mu jedzenie, i jest świadkiem wyzwolenia Warszawy przez wojska radzieckie 17 stycznia 1945 r.

## 👁 DOBRZE WIEDZIEĆ

II wojna światowa rozpoczęła się 1 września 1939 roku, a zakończyła 8 maja 1945 roku. Była konsekwencją wprowadzenia w Europie w latach 30. XX wieku kilku dyktatur: Benito Mussoliniego (włoska głowa państwa, 1883-1945) w 1922 roku we Włoszech, Adolfa Hitlera (niemiecka głowa państwa, 1889-1945) w 1933 roku w Niemczech i Francisco Franco (hiszpański generał i głowa państwa, 1892-1975) w 1939 roku w Hiszpanii.

W szczególności Adolf Hitler rozwinął teorię rasistowską, która przyczyniła się do realizacji jego ambicji przejęcia władzy nad światem: według niego rasa niemiecka, którą nazwał "rasą aryjską", była wyższa, a ta wyższość dawała jej prawa w stosunku do innych ras, zwłaszcza Żydów. Jego partia,

Narodowosocjalistyczna Niemiecka Partia Robotnicza, zało-
żona w 1919 roku, miała nazizm jako ideologię polityczną i
praktykowała antysemityzm oraz prześladowanie wszelkich
przeciwników reżimu państwowego. Doprowadziło to do
Holokaustu (znanego również jako "Shoah", hebrajskie słowo
oznaczające "katastrofę"): ludobójstwa Żydów.

W rzeczywistości armia niemiecka najechała Austrię (marzec
1938), Czechosłowację (marzec 1939), a następnie Polskę
(wrzesień 1939). Po tych inwazjach Francja i Wielka Brytania
wypowiedziały Niemcom wojnę, a konflikt szybko nabrał
charakteru globalnego: z jednej strony "alianci" (Holandia,
Belgia, Związek Radziecki i Stany Zjednoczone) przyłączyli
się do Francji i Wielkiej Brytanii, z drugiej zaś Włochy i
Japonia stanęły po stronie Niemców.

Dokładniej rzecz ujmując, autobiografia Szpilmana podkreśla znaczenie manipulacji, aby Niemcy mogli pomyślnie
zakończyć swoją misję eksterminacyjną.

- Z jednej strony naziści unikają paniki wśród ludności żydowskiej, ukrywając przed nią swoje prawdziwe zamiary:
  "Żydom poświęcono specjalnie paragraf, gwarantujący im
  wszystkie prawa i nienaruszalność mienia, a także całkowite
  bezpieczeństwo osobiste" (s. 39); "Miasto było oblepione
  plakatami zapowiadającymi rozpoczęcie *przesiedlenia*
  [dzięki któremu Żydzi] zostaną zakwaterowani w szałasach
  i oddelegowani do miejscowych niemieckich fabryk"
  (s. 126). Jak można zauważyć, intencje Niemców nie są
  podane wprost, lecz ukryte za bardzo ogólnymi, banalnymi
  stwierdzeniami i zwrotami. Kiedy rozpoczynają się naloty,
  nadal ukrywają swoje intencje i posuwają się do tego, że

przedstawiają się jako uczciwi, współczujący ludzie, każąc wierzyć ludności żydowskiej, że wprowadzają to wszystko, aby uprościć jej życie: "W swojej stałej trosce o uproszczenie życia hitlerowscy okupanci [...] ogłosili, że wszystkie rodziny mają z własnej woli udać się na Umschlagplatz, aby *wyemigrować*. Otrzymaliby bochenek chleba i kilogram dżemu na osobę i nie istniało ryzyko, że zostaną rozdzieleni" (s. 133). W rzeczywistości kłamią wyłącznie w celu uproszczenia procesu deportacji – Umschlagplatz to nazwa części getta, z której wyruszały konwoje.

• Z drugiej strony manipulują również ludźmi "rasy aryjskiej". Filmując fałszywe sceny z codziennego życia w getcie, starają się uspokoić niemiecką ludność co do traktowania Żydów, każąc jej wierzyć, że są oni traktowani jak najbardziej humanitarnie:

> "Na przykład pojawiali się w restauracji, kazali kelnerom nakryć stół napojami i wykwintnymi potrawami, a następnie zmuszali klientów do śmiechu i obfitego jedzenia, podczas gdy oni uwieczniali ten moment na filmie. [...] Długo, długo zajęło mi uświadomienie sobie, że te filmy dokumentalne były wysyłane do niemieckiej ludności Rzeszy i do krajów pod dominacją nazistów [...], aby mieć wystarczająco dużo kłamstw, aby przeciwstawić się niepokojącym pogłoskom na wypadek, gdyby reszta świata dowiedziała się o ich haniebnych działaniach" (s. 113-114).

## MIESZANY ODBIÓR

Relacja Władysława Szpilmana (zatytułowana *Śmierć miasta*) po wydaniu w 1946 roku została ocenzurowana przez polskie władze komunistyczne, co na pierwszy rzut oka może wydawać się zaskakujące. Kilka elementów książki tłumaczy jednak tę reakcję:

- Po pierwsze, problematyczne było przychylne przedstawienie przez autora niemieckiego oficera, Wilma Hosenfelda. W momencie ukazania się książki w Polsce, kraju tak straumatyzowanym przez zbrodnie nazistów, nie można było bowiem uznać dobrych cech niemieckiego oficera. W związku z tym w pierwszych wydaniach przyjmuje on narodowość austriacką.

- Po drugie, powojennej ludności trudno było uznać, że Rosjanie, Polacy, Ukraińcy, Łotysze, a nawet Żydzi kolaborowali w zbrodniach nazistowskich: "Powiedzielibyśmy, że mentalność gestapo stała się dla nich [żydowskich milicjantów] drugą naturą" (s.108). Mieszkańcy stopniowo, boleśnie uświadamiają sobie, że żydowscy milicjanci mieli również prawo do życia i śmierci swoich rodaków, a relacja Władysława przypomina nam tę prawdę, gdyż to dzięki kochającemu muzykę "żydowskiemu katowi" udało mu się przeżyć.

# DALSZA REFLEKSJA

## KILKA PYTAŃ DO PRZEMYŚLENIA...

- Jaką lekcję życiową możemy wyciągnąć z *"Pianisty"*? Czy Twoim zdaniem Władysław Szpilman jest zgorzkniały? Uzasadnij swoją odpowiedź.

- Czy Twoim zdaniem negowanie Holocaustu zasługuje na karę? Wyjaśnij swoją odpowiedź.

- Władysław Szpilman nosił przydomek "Robinson Crusoe Warszawy". Jak to porównanie ma się do rzeczywistości?

- Twoim zdaniem, dlaczego relacja Szpilmana została po wojnie ocenzurowana?

- Pierwszy tytuł relacji Szpilmana brzmiał *Śmierć miasta*. Czy Twoim zdaniem tytuł ten został dobrze dobrany? Uzasadnij swoją odpowiedź.

- Czy uważasz, że autobiografia musi być koniecznie napisana w pierwszej osobie liczby pojedynczej? Poprzyj swoją odpowiedź.

- Czy możemy uznać to za prywatny wpis do pamiętnika?

- Pakt autobiograficzny" to zobowiązanie autora do zachowania szczerości podczas opowiadania swojej historii. Czy Twoim zdaniem jest to wymóg idealistyczny? Czy uważasz, że pakt autobiograficzny jest przestrzegany w *Pianiście*?

- Czy zagranie Nokturnu w Warszawie dla niemieckiego kapitana było konieczne? Wyjaśnij.

- Wreszcie, czy ta relacja o Holokauście jest pesymistyczna czy optymistyczna? Wyjaśnij.

# DALSZE CZYTANIE

## WYDANIE REFERENCYJNE

Szpilman, W. (2001) *Le Pianiste.* Paris: Éditions Robert Laffont.

## ADAPTACJE

*Pianista.* (2002) [Film]. Roman Polański. Dir. Francja: R.P. Productions.

*Chcemy usłyszeć od Ciebie, co się dzieje!*
*Zostaw komentarz na temat swojej internetowej biblioteki*
*i podziel się swoimi ulubionymi książkami w mediach społecznościowych!*

www.50minutes.com

Master ISBN: 9782808695107
Papierowy ISBN: 9782808616508
Depozyt prawny: D/2023/12603/1930

Verhaal: © Primento

Projekt cyfrowy: Primento, cyfrowy partner wydawców.